DE L'USAGE ET DE L'UTILITÉ

DES

ÉDITIONS CLASSIQUES

GRECQUES, LATINES, FRANÇAISES

ANNOTÉES A L'USAGE DES ÉCOLES

PAR CH. DEZOBRY

———❖———

PARIS

CHEZ DEZOBRY, E. MAGDELEINE ET Cie

LIBRAIRES-ÉDITEURS

RUE DU CLOITRE-SAINT-BENOIT, 10 (QUARTIER DE LA SORBONNE)

JUIN 1856

AVIS

—

Cette petite brochure a été publiée dans *le Conseiller de l'enseigne-ment public* du 15 avril 1856; nous y avons ajouté plusieurs détails, et, en *appendice*, quelques notes qui sont comme les pièces justificatives de nos principales assertions.

DES ÉDITIONS CLASSIQUES

GRECQUES, LATINES, FRANÇAISES

ANNOTÉES A L'USAGE DES ÉCOLES

La mesure que M. le Ministre de l'instruction publique vient de prendre, en publiant des textes officiels pour trois éditions classiques, et l'assurance que d'autres seront encore publiées, a réveillé, pour quelques personnes, la question, déjà jugée favorablement, des *éditions classiques annotées* (1). Des esprits plus prompts à s'effrayer qu'à examiner, ont demandé si les éditions des textes officiels, mises dans le domaine public, étaient des éditions types, qu'il faudrait reproduire judaïquement; en d'autres termes, si tous les éditeurs seraient tenus non-seulement d'en copier le texte sans y rien ajouter ni retrancher, mais encore de s'interdire d'y joindre des notes.

Ces questions n'ont rien d'embarrassant : il résulte d'une lettre écrite par M. le Ministre aux principaux éditeurs classiques de Paris, que pourvu que le texte soit reproduit tel qu'il est donné, les éditeurs demeurent, comme par le passé, parfaitement libres de faire ce qu'ils voudront.

Le droit d'accompagner ce texte de notes ou de commentaires n'est pas plus douteux que le reste ; l'arrêté ministériel ne l'interdit pas : or, en principe, tout ce qui n'est pas défendu est permis ; d'ailleurs (et c'est la raison la plus péremptoire), cette question, M. le Ministre l'a tranchée déjà dans son *Instruction sur l'exécution du plan d'études des lycées,* où on lit (§ II, *Division de grammaire*) :

« Les proviseurs sont chargés de veiller à ce qu'il ne soit mis entre les
« mains des élèves que des éditions dont les notes auront été l'objet d'une
« révision attentive. »

Ceci est formel. M. le Ministre, qui a passé par l'enseignement, comprend trop bien l'utilité des éditions judicieusement et sérieusement annotées, pour avoir songé à les interdire. Elles étaient fort utiles dans le temps où le programme des études embrassait beaucoup moins de matières

(1) Les textes officiels publiés par M. le Ministre sont ceux des ouvrages suivants : *Choix des Dialogues des morts, de Lucien*; *Choix des Métamorphoses d'Ovide*; *Le Siècle de Louis XIV, de Voltaire.* Ces textes, mis dans le domaine public par M. le Ministre, sont, par arrêté du 5 mars 1856, rendus obligatoires à partir de la prochaine rentrée des classes (1856 — 1857).

qu'aujourd'hui ; elles sont indispensables, maintenant qu'il faut aller vite, et que les professeurs ont moins de temps à donner à chaque enseignement. Il n'y a guère que des théoriciens qui puissent mettre en doute l'utilité *indispensable* des éditions annotées ; nous leur opposerons le sentiment de savants et de professeurs qui, ayant pratiqué, ou pratiquant encore l'enseignement, ont voulu joindre l'exemple au précepte, en donnant eux-mêmes des éditions de ce genre : ces véritables champions des bonnes et fortes études, sont MM. *Berger*, professeur de rhétorique du lycée Charlemagne, et professeur suppléant à la Faculté des lettres de Paris ; *Bouchot aîné*, professeur au lycée Louis-le-Grand ; *Cartelier*, agrégé des classes supérieures ; *Croiset*, professeur au lycée Saint-Louis ; *Demogeot*, professeur de rhétorique au même lycée ; *Despois*, ex-professeur de rhétorique au lycée Louis-le-Grand ; A. De Wailly, ex-professeur de rhétorique, inspecteur général des études ; *A. Didier*, professeur de rhétorique au lycée Napoléon ; *J. Didier*, proviseur du lycée de Nantes ; *Egger*, maître de conférences à l'Ecole Normale, membre de l'Institut ; *Etienne*, professeur de rhétorique au Lycée de Versailles ; *Gaillard*, ex-inspecteur-général de l'instruction publique ; *L. Gibon*, maître de conférences à l'Ecole Normale, professeur de rhétorique au collége Rollin ; *J. Girard*, professeur de rhétorique au lycée Bonaparte ; *Havet*, ex-maître de conférences à l'Ecole Normale, professeur au Collége de France ; *Hémardinquer*, agrégé des classes supérieures ; *Hignard*, professeur de rhétorique au lycée de Lyon ; *Legenty*, agrégé des classes supérieures ; *Lemaire*, professeur au lycée Charlemagne ; *Manuel*, professeur au lycée Bonaparte ; *Th. H. Martin*, professeur et doyen de la Faculté des lettres de Rennes ; *Moncourt*, professeur à la Faculté des lettres de Clermont ; *Naudet*, ex-professeur de rhétorique, membre de l'Institut ; *Nicolas*, professeur à la Faculté des lettres de Rennes ; *Ozaneaux*, inspecteur général des études ; *Paret*, directeur général des études au collége Rollin ; *Passerat*, professeur au lycée de Tours ; *Stiévenart*, professeur et doyen de la Faculté des lettres de Dijon, etc.

Nous n'avons cité dans cette liste abrégée, que les savants et les professeurs dont les travaux nous sont particulièrement connus ; mais il y en a beaucoup d'autres encore, nous nous plaisons à le reconnaître, qui ont publié dans les diverses librairies classiques de Paris, des travaux du même genre, qui n'assurent pas une moins haute autorité à leur nom, et par suite, à leur sentiment sur la matière que nous discutons ici.

Maintenant, abordons la question de front en posant nettement les objections plus ou moins sérieuses que l'on fait contre l'emploi des éditions annotées dans les lycées et dans les colléges :

1° *Elles ne laissent plus rien à faire au professeur ;*

2° *Elles aident trop les élèves ;*

3° *Les élèves ne lisent pas les notes.*

On voit que nos adversaires ne s'accordent pas trop entre eux; examinons leurs objections.

Les éditions annotées ne laissent plus rien à faire au professeur. Celui qui s'est armé de cet argument l'a cru sans doute invincible; quant à nous, si nous l'avions imaginé, nous croirions avoir fait injure au corps enseignant; nous craindrions que l'on ne nous accusât, avec justice, d'avoir supposé que la plupart des professeurs ignorent les ressources de leur noble profession. Nous disons au contraire, et nous espérons prouver, que pour un bon professeur, jamais une édition n'est trop annotée. En effet, pour qu'un texte, même abondamment annoté, ne laissât plus rien à faire au professeur, il faudrait supposer qu'il est donné à quelqu'un d'avoir à lui seul autant d'esprit, autant de sagacité, autant de science que tout le monde ensemble; or, comme ce phénix sera toujours assez rare à rencontrer, il est difficile de ne pas admettre qu'un professeur de quelque savoir trouvera toujours bien des choses à ajouter au commentaire que ses élèves auront entre les mains. Le commentateur lui-même est dans ce cas : il n'a ni voulu, ni pu épuiser sa matière, car il sait toute la distance qu'il y a d'un enseignement écrit à un enseignement oral. Cela est si vrai, que les professeurs qui ont annoté et commenté avec le plus de soin des éditions classiques se servent de ces mêmes éditions dans leurs classes. Le feraient-ils s'ils n'avaient à dire à leurs élèves rien autre chose que ce qu'ils ont déjà mis dans le livre que ces mêmes élèves ont entre les mains? or si l'auteur du commentaire trouve encore à donner en classe un enseignement complémentaire de celui qu'il a déjà imprimé au bas d'un texte, combien, à plus forte raison, un autre professeur, qui aura étudié les mêmes choses à son point de vue, avec un tour d'esprit différent, un savoir plus varié peut-être, combien, disons-nous, ce professeur ne trouvera-t-il pas plus aisément un enseignement utile à ajouter à celui de son collègue !

Une édition « dont les notes auront été l'objet d'une révision attentive, » comme le veut M. le Ministre de l'instruction publique, aura un avantage très-grand pour le progrès des études, parce qu'elle pousse non-seulement l'élève, mais aussi le professeur.

La parole du maître est fugitive, l'élève en général est distrait; si vous le réduisez à n'avoir d'autre point de repère, d'autre souvenir de l'enseignement de la classe que sa mémoire, il faut vous attendre à ce qu'une grande partie de cet enseignement sera perdue. Au contraire, avec son livre commenté, il lui reste un souvenir vivant, soit que le professeur ait adopté l'opinion du commentateur, soit qu'il l'ait développée, soit même qu'il l'ait contredite. Ce dernier cas, qui peut se présenter quelquefois, est encore une des heureuses ressources que présentent les éditions annotées : si le professeur trouve que le commentateur s'est trompé, voilà un texte à une leçon très-utile, qu'il discutera avec ses élèves, et qui par cela même restera d'autant mieux dans leur mémoire, variera agréablement les exercices ordinaires de la classe, enfin tendra à donner aux écoliers un sage esprit de critique, en aiguillonnant leur sagacité. Comme on ne met entre les mains des écoliers que des ouvrages irréprochables, l'enseignement roule d'ordinaire dans des formules forcément laudatives ; ce qu'on leur enseignera par la critique ne sera donc pas moins profitable.

Le programme d'études s'exprime ainsi sur l'explication des auteurs :

« Le professeur accompagnera toujours l'explication d'un commentaire « simple et précis, complet sur les difficultés du texte, sur les particularités « grammaticales, sur tous les détails de mœurs, de géographie et d'histoire, « sans négliger les remarques de goût et les réflexions morales que le sujet « amènera naturellement. »

Tout cela est excellent ; mais bien souvent le professeur manque de temps pour le faire. Si ses élèves ont entre les mains une bonne édition, contenant à peu près tout ce que M. le ministre prescrit ici avec tant de justesse, alors le professeur n'aura plus que quelques interrogations à faire pour s'assurer qu'ils sont convenablement instruits, que quelques développements ou quelques rectifications à leur exposer. Si l'on n'admet pas cette méthode, les intentions du ministre ne seront jamais que très-imparfaitement remplies, d'abord faute de temps ; ensuite, parce que le professeur, toujours obligé d'improviser un peu, distrait plus ou moins par la discipline de sa classe, pourra bien ne pas penser à faire toutes les questions, même parmi les plus essentielles. Enfin, il y a encore un autre obstacle, c'est qu'un commentaire *complet*, sur un texte ancien, exige souvent les plus longues études et les connaissances les plus variées et les plus approfondies. Nous ne disons point que le professeur ne sera pas en état de faire ce commentaire ; mais cependant, on nous permettra de conjecturer qu'un grand nombre, faute de temps, faute des livres indispensables, n'auront pu faire les études nécessaires pour un travail, qui souvent a demandé au commentateur des années d'études spéciales, et des secours de toutes sortes (1).

Mais examinons la question de près et voyons ce que sont les *notes* d'une édition classique ; on fait souvent sur ce point, ce nous semble, une confusion à laquelle il serait bon de mettre un terme. Les *notes* portent sur des points bien différents, et l'on ne saurait les considérer toutes de la même façon, ni, si on les condamne, le faire pour un seul et unique motif. Il est par trop commode de proscrire les choses en bloc, pour s'épargner la peine de les examiner en détail. Nous admettons que les notes destinées à éclaircir *trop commodément* le sens des mots, soient peu nécessaires ;

(1) Voyez la note 1 dans *l'Appendice*, page 15.

car, sur ce point, on ne saurait admettre que le professeur ne se tienne
pas préparé, ou qu'il ait besoin de secours ; et d'un autre côté, on ne doit
pas, à tout propos, se substituer à l'intelligence de l'écolier, et lui épargner un effort personnel. Mais il y a bien d'autres notes, et d'espèces bien
diverses : la géographie ancienne, par exemple, est une science que l'on
n'invente pas, science des plus délicates, et des plus obscures quelquefois. Quelle matière à controverse ! que de questions encore débattues ! que
de problèmes livrés encore à la patiente étude des hommes spéciaux ! Peut-
on raisonnablement exiger qu'un professeur possède, à tout instant, et par
un effort de mémoire extraordinaire, la science d'un Danville, d'un Wal-
ckenaër, d'un Guigniaut ? On a fait sur la géographie de Quinte-Curce un
travail d'annotation fort remarquable (1), qui est le fruit des plus minutieuses
recherches et le dernier mot, aujourd'hui, de l'archéologie contemporaine ;
peut-on refuser un pareil secours, même à l'homme le plus instruit ? A-t-il
à sa disposition, chez lui, dans sa modeste bibliothèque, les livres, les revues
françaises ou étrangères, les cartes et dessins, les plans topographiques, les
relations de voyages, que l'auteur des notes a consultés ? Enfin sait-il toujours
toutes les langues vivantes dont la connaissance est indispensable pour consulter ces sources ? Eût-il même ce savoir et une partie de ces ressources à
sa disposition, ne serait-il pas insensé de vouloir qu'un maître feuilletât, pendant plusieurs heures, de nombreux volumes, pour préparer une explication de quarante-cinq minutes, et que chaque professeur fît péniblement, de
son côté, les laborieuses recherches qu'un seul à faites à loisir pour tous ? Quoi !
l'on exigerait du professeur cette dépense inutile de temps, de force intellec-
tuelle, d'attention minutieuse ? on l'userait, on l'épuiserait, sans profit véritable, uniquement pour lui dire : « Travaille ! travaille ! » Si les annotations portent sur des points d'histoire littéraire, sur des dates d'ouvrages ou
de parties d'ouvrages, sur des notes biographiques, nous admettons volon-
tiers qu'un professeur possède en bien des occasions, un fonds d'érudition plus que suffisant pour intéresser une classe ; mais, après tout, son cer-
veau n'est pas un dictionnaire biographique et chronologique ; la note, d'ailleurs, renferme souvent, dans les éditions les plus soignées, des faits nou-
veaux, des dates rectifiées, des circonstances inédites. Si les éditions annotées autrefois, et qu'on réimprime avec une désespérante persistance, ne
renferment que les faits les plus connus, que la science la plus vulgaire, avec
la traduction *inexacte* des sens les plus difficiles du texte, d'autres éditions
sont des travaux qui peuvent compter, et qui ajoutent à la somme des
connaissances antérieures ; elles ont, aux yeux du professeur, une valeur
propre ; elles représentent, pour lui, non plus seulement la science ac-
quise, mais encore la science à acquérir. Ces éditions marquent et carac-

(1) *Lexique de géographie comparée pour la vie d'Alexandre, par Quinte-Curce,*
par M. O. MAC-CARTHY, dans l'édition classique de Quinte-Curce annotée par M. Croiset

térisent *le progrès* ; elles ouvrent des voies nouvelles ; œuvres des maît
elles sont utiles aux maîtres, on peut le dire, sans honte pour eux.
ce qui est utile aux maîtres ne saurait être inutile aux écoliers,
qu'il est reconnu qu'ils ne peuvent voir en classe qu'une petite pa
des matières du livre. Et s'ils vont plus loin, si le reste les attire, la not
est pour beaucoup ; c'est elle qui appelle l'attention , parce qu'
promet d'éclaircir, de compléter, de placer en son milieu, de rattac
à d'autres idées ce qu'on ne comprenait pas, ce qu'on n'apprécierait
sans elle.

Le plan d'études exige (et à bon droit) « que l'explication des aute
« français soit préparée avec soin par les élèves et par les professeur

Cette sage prescription est encore, indirectement, une recommandat
des éditions annotées ; car si la préparation n'offre que de médiocres d
cultés aux professeurs, il n'en est pas de même pour les élèves : en e
comment pourraient-ils préparer s'ils étaient réduits à des textes
secs ? Il y a dans nos auteurs français, même dans ceux qui datent de m
d'un siècle, tant de choses qui ont besoin d'être éclaircies par la biograph
la chronologie, la philologie , la géographie et l'histoire, qu'un texte dé
de ces secours ne sera jamais qu'une énigme, même pour de bons élèv
leur intelligence se fatiguera et se rebutera vis-à-vis de difficultés ins
montables pour eux. Nous ne citerons que deux auteurs, les plus rép
dus dans les classes, les *Oraisons funèbres de Bossuet* , et les *OEuv
poétiques choisies de Boileau ;* nous maintenons que plus des neuf dixiè
des élèves ne seront jamais en état de lire trois pages de suite de ces livr
sans être embarrassés d'en rendre compte convenablement.

Les bonnes éditions annotées ne sont pas seulement utiles aux élè
et aux professeurs ; elles ont encore pour ces derniers un autre ge
d'utilité : elles aident les uns à donner un enseignement plus comple
faire voir la solidité de leur science, ce qui n'est pas chose indifférente
vant des écoliers ; elles tiennent les moins bien disposés, ceux qui ont l
prit plus paresseux (comme il faut bien admettre qu'il y en a quelqu
uns), elles le tiennent, disons-nous, en haleine, les forceraient de travail
s'il en était besoin, de préparer plus soigneusement leurs classes ; car, q
professeur sachant que ses élèves ont entre les mains de bonnes éditi
annotées, voudrait ne comparaître, en quelque sorte, devant eux que p
être l'écho de leur livre ? Alors il fera, bon gré malgré, le travail de dé
loppement que l'annotateur a laissé à son savoir et à sa discrétion

Mais ce serait bien mal connaître les écoliers que de s'imaginer q
supposeront leur maître ignorant ou insuffisant, et qu'ils auront pour
moins d'estime, parce qu'il a entre les mains le livre annoté dont ils

---

(1) Voyez la note 2, à *l'Appendice*, page 17.

rvent eux-mêmes ; cette crainte serait, au contraire, bien plus justifiée
les écoliers, n'ayant pas de notes dans leurs livres, remarquaient, comme
la leur serait facile (à moins qu'on en fît aussi au professeur la défense
presse !) que le maître a des notes, ou une édition savante, ou une tra-
iction. Il y a donc tout avantage, pour la considération du maître, à ce
le les écoliers disposent, en apparence, des mêmes ressources que lui ;
r alors, tout ce qu'il dira en plus, tout ce qui complétera, contredira,
ctifiera, éclaircira, vivifiera ces notes mêmes, deviendra pour lui une
rte de triomphe, et confirmera l'idée que l'on s'est faite de la sûreté
mme aussi de l'étendue de son savoir.

Enfin, et nous en appelons ici au témoignage des professeurs les plus
périmentés, rien ne fournit une plus agréable matière, à un développe-
ent intéressant, que l'appréciation des notes d'un commentaire ; le maî-
e, aux prises avec les idées d'autrui, s'anime alors, sent qu'il doit être
-*dessus* du commentateur même le plus distingué, qu'il doit revêtir d'une
rme choisie, et présenter avec plus d'ampleur cette sobre et laconique
udition que la note concentre en quelques mots ; c'est une occasion ad-
irable pour lui de montrer qu'il est *professeur*, et qu'il possède *ce don
persuasion*, qui est l'essence même de l'enseignement, et que les notes
auront jamais par elles-mêmes !

Les éditions annotées ont encore un avantage très-précieux, quand elles
nt bien faites, c'est qu'elles impriment en quelque sorte une direction gé-
rale dans l'art si difficile et si varié de l'enseignement, maintiennent la
dition des saines doctrines, et par leur influence au loin, sont comme un
tronome qui donne la mesure dans chaque genre et dans chaque classe.
es ont tous les avantages de la tradition écrite, fixée, positive, sur la tra-
ion orale qui s'altère, ne se transmet qu'imparfaitement, et ne peut aux
oques de relâchement ou de décadence, remédier ni à l'affaiblissement
s esprits, ni à celui des méthodes. Un bon commentaire est un niveau
rpétuel exposé à la vue de tous pour les guider, les exciter à s'y mainte-
, et même le surpasser, si c'est possible ; il multiplie, pour ainsi dire, les
ns professeurs, car celui qui l'a fait, devient comme présent partout où
n livre est introduit.

Des adversaires plus insouciants, sans nier le mérite des éditions clas-
ues annotées, en avouant même qu'elles pourraient être utiles, les re-
ussent néanmoins, *parce que*, disent-ils, *les élèves ne lisent pas les
tes, ou que s'ils les lisent, cela les dispense de tout travail.*

Ces deux objections seraient bien graves si elles étaient fondées. A la pre-
ère nous répondons ainsi : Ou l'écolier est paresseux et inintelligent, et
rs comment admettre qu'il négligera de lire des notes qui doivent l'ai-
r dans son travail, lui résoudre une difficulté insurmontable pour lui ?
a n'arriverait que s'il pouvait se dispenser de faire le devoir donné par

son professeur; mais comme il n'y a jamais dispense de devoirs, le mauvais écolier, si mauvais que l'on voudra le supposer, lira les notes qui le conduiront à faire moins mal et plus vite, et de la sorte lui sauver une punition. D'ailleurs les mauvais écoliers ne doivent pas être un argument dans les méthodes d'enseignement ; là, comme en toute chose, se trop préoccuper de la médiocrité, c'est abaisser tous les niveaux, et descendre vers la foule au lieu de l'élever davantage. Quant à la seconde objection, que les notes dispensent l'écolier de tout travail, elle est encore moins fondée, puisque des notes judicieusement faites ne résolvent jamais que les difficultés qui seraient vraiment insurmontables pour des élèves.

D'autres adversaires ont dit encore : *Nos pères et nos grands-pères faisaient de fort bonnes études, ils savaient, mieux que nous peut-être, le grec et le latin, et cependant ils s'en tenaient purement et simplement aux textes, et manquaient de tous les secours qu'on nous prodigue aujourd'hui.*

Il faut avoir un désir bien aveugle de rétrograder dans le passé pour invoquer un pareil argument. Mais puisqu'on veut nous reporter au temps de nos pères, nous demanderons si l'on a oublié que dans l'ancienne Université les colléges tenus par les jésuites (et c'étaient le plus grand nombre et les plus importants) donnaient à leurs écoliers des éditions avec les notes et les commentaires de Jouvency? ces éditions sont encore en usage dans quelques établissements, et l'on peut voir que les annotations placées au bas des pages, sont très-développées. Elles n'ont point, il est vrai, le caractère que la science a imprimé aux éditions modernes ; mais est-ce parce qu'ils avaient moins de secours, que les écoliers qui furent nos pères connaissaient mieux les langues classiques, dit-on? est-ce parce que nous en avons plus qu'eux, par hasard, que nous les connaissons moins? Ils savaient fort bien le latin, parce qu'ils l'étudiaient presque exclusivement, parce qu'ils s'exerçaient même à le parler, parce qu'on l'employait dans un grand nombre de cas où l'on a renoncé à s'en servir. Nous avons actuellement, avec d'autres idées et d'autres besoins, bien d'autres connaissances à acquérir ; et si nous n'accordons plus aux auteurs classiques la place que leur donnaient Rollin ou Crévier, les commentaires complets en sont fort innocents ! Quel plus pitoyable lieu commun que de s'écrier, en quoi que ce soit : « *Nos pères s'en sont bien passés !* » Nous dit-on aussi le temps qu'il leur fallait pour s'instruire ? Savons-nous bien exactement la proportion de ceux qui s'instruisaient sur ceux qui restaient dans l'ignorance ? Que ne dit-on aussi, nos pères se sont bien passés de la découverte de la vapeur comme force motrice, des chemins de fer, de l'électricité, des sciences appliquées ? etc.

Mais après avoir admis un instant le fait allégué par nos adversaires, maintenant nous en nions la vérité et nous répondons : si nos pères parlaient et écrivaient le latin mieux que nous, peut-être (et je tiens à ce peut-être) ils le savaient, ils l'entendaient, ils le sentaient moins bien que nous. Pourquoi? parce qu'il leur manquait une science qui n'était pas encore née, ou ne faisait que de poindre du temps des Rollin, des Crévier, même de l'abbé Barthélemy, nous voulons dire l'archéologie. Les savants professeurs de l'ancienne Université ne connaissaient ni la législation , ni les institutions locales, ni les coutumes, ni la vie intime des Grecs et des Romains, ni leurs origines historiques, ni leurs monuments privés ou publics, ni même la géographie ancienne, comme on les connaît aujourd'hui ; sur beaucoup de ces points ils n'avaient que les notions les plus vagues, les plus incomplètes, les plus fausses ou les plus nulles. Or, nous le demandons à quiconque a un peu pratiqué les ouvrages de l'antiquité classique, est-il possible de les bien entendre constamment, très-souvent même de les entendre, sans ces connaissances préliminaires (1)? Au surplus, combien est-il resté de bonnes traductions des savants du XVIIe et du XVIIIe siècle, *qui savaient le latin mieux que nous?* les plus estimées ne sont-elles pas celles que les critiques ont appelées *de belles infidèles?* Cette plaisanterie, jugement sérieux au fond, réduit à néant la haute réputation dont on gratifie généreusement les latinistes d'autrefois, pour diminuer le mérite de ceux d'aujourd'hui.

Défendra-t-on maintenant aux éditions classiques d'aider les élèves dans toutes ces difficultés, qui en sont même pour les savants de profession ? nous ne le pensons pas ; arracher aux livres coûteux de l'érudition allemande ou de notre vieille érudition française, emprunter aux grands ouvrages d'archéologie quelques faits importants, quelques saines et fécondes interprétations, et leur donner place dans les humbles livres de l'écolier ; multiplier les rapprochements qui fécondent les textes, faire pénétrer dans les jeunes intelligences le goût de l'histoire littéraire, dont nos pères n'avaient que d'incomplètes notions, donner le plus d'idées possible dans le moindre temps, et mettre à la portée de tous les ressources dont quelques-uns disposaient, c'est là le progrès ; et les éditions classiques bien annotées ont dans leur humble sphère, une importance relative incontestable au milieu du mouvement de la science moderne.

Comme nous ne fuyons aucune objection, nous rapporterons encore cette autre critique :

Les notes empêchent les élèves médiocres de préparer l'explication des auteurs, et quand le professeur fait expliquer un texte, leur œil court toujours au bas de la page pour y trouver un secours qui dissimule ainsi leur paresse.

Ce que l'on accuse l'écolier de faire est assez difficile, et presque toujours

______
(1) Voyez la note 3, à *l'Appendice*, page 21.

impossible; car la plupart du temps une note se compose de plusieurs lignes, et si le professeur ne s'aperçoit pas du manége de son élève, c'est qu'il voudra bien ne le pas voir ; mais quand même l'écolier s'improviserait ainsi une instruction presque subreptice, où est le mal ? Ce qu'il aura appris n'en sera pas moins appris, et l'on aura atteint de même le but qu'on se propose, qui est de l'instruire. Aimez-vous mieux qu'il ne vous réponde rien, ou qu'il réponde une bévue ? Quel serait le profit pour lui ou le professeur ?

Qu'il nous soit permis de dire à ceux qui se font une sorte de cheval de bataille de l'argument : *Les élèves ne lisent pas les notes ;* pourquoi ne parlez-vous pas aussi de ceux qui ne lisent pas les textes, et ne proscrivez-vous pas le tout, texte et notes, de compagnie ? C'est à vous, professeurs, qu'il appartient de présenter les notes comme assez importantes pour qu'on les lise avec soin ; à vous de les faire lire souvent, ou de vous assurer qu'on les a lues. Autrement, ce ne sont pas les notes que vous condamnez, c'est vous-mêmes. Nous connaissons un professeur de beaucoup de mérite, chargé d'une classe des lettres dans un des grands lycées de Paris, qui recherche pour ses élèves les éditions les plus consciencieusement annotées , parce qu'il sait toujours en tirer le parti le plus utile : il exige que ses élèves étudient très-attentivement le commentaire (car il n'est pas de ceux qui craignent que le commentateur ne lui laisse plus rien à dire), et quand, par hasard, le temps a manqué pour l'explication de l'auteur, il donne une page ou deux à préparer, avec injonction de lui rendre compte du commentaire aussi soigneusement que du texte même. Les notes deviennent une sorte de questionnaire retourné, où l'écolier, qui attend la question, trouve d'avance la réponse. On ne s'imagine pas combien ce procédé, mis de temps en temps en usage, anime la classe et stimule heureusement jusqu'aux intelligences les plus lentes.

Au surplus, l'objection que *les notes aident trop les élèves* tombe d'elle-même quand on se rend bien compte de ce qu'on appelle *l'explication en classe.* Je ne voudrais pas que l'on me crût plus expérimenté que je ne suis, ni que l'on s'imaginât que je raisonne en théoricien ; ce que je vais dire, je le tiens de plusieurs professeurs très-recommandables par leurs succès dans l'enseignement, autant que par leur savoir : l'explication en classe n'est pas une épreuve pour la sagacité des élèves, elle n'est qu'un *spécimen* de la manière de lire, d'étudier, de traduire un auteur ; un *spécimen* régulièrement et souvent répété , parce que la réitération est l'âme de l'enseignement. Le devoir des élèves sérieux est de lire *en dehors de la classe,* avec la méthode du professeur, l'auteur entier dont ils ont, en classe, expliqué quelques pages. Or pour cela des secours sont nécessaires, et de bonnes notes les donnent. La sagacité des élèves s'exerce par *la version dictée,* et c'est à ce moment qu'il importe qu'ils n'aient pas d'autres textes que la dictée même. Quant à la lecture des auteurs (chose si utile, si nécessaire), félicitons-nous si, grâce à de bonnes notes, le professeur peut obtenir que la plupart de ses élèves lisent leurs auteurs en entier, ou du moins en lisent de notables parties, et n'aient pas vu seulement les trop courts passages qu'il a pu leur faire expliquer en classe.

Nous n'exposons pas ici seulement une doctrine française, mais aussi une doctrine allemande ; nous le disons pour certaines personnes qui semblant regarder l'enseignement germanique comme le parangon de tout bon enseignement, croient que dans les gymnases d'Allemagne (qui répondent à nos lycées), les écoliers n'ont point d'éditions annotées. Grave erreur : ils se servent, au contraire, d'éditions munies de commentaires beaucoup plus développés que les nôtres, et qui souvent équivalent à la moitié ou aux deux tiers du texte. Cette abondance diffuse, qui nous effrayerait, n'est chez eux que le strict nécessaire. Que l'on parcoure un peu la bibliographie allemande, on y verra toutes ces éditions savantes avec l'indication des lecteurs pour qui elles sont faites, c'est-à-dire *ad usum gymnasiorum*. Quant à ces petites éditions in-18, sorties des presses de Leipzig, et qui, sans doute, ont causé l'erreur que nous combattons, elles sont faites pour les professeurs qui veulent des livres de poche, à bon marché, et pas du tout exclusivement pour les écoliers.

Nous croyons avoir répondu à toutes les objections, même aux objections légèrement sérieuses des antagonistes (très-peu nombreux, du reste) des éditions classiques annotées ; disons maintenant, sans fausse honte, que le reproche capital : *Le commentaire ne laisse rien à faire au professeur*, n'a jamais été fait par un maître qui se sent quelque talent, et qui a conscience de ses devoirs. Les gens qui savent mal, ou qui ne travaillent pas, ou qui ne travaillent plus, et cependant veulent toujours enseigner, peuvent seuls s'effrayer d'un bon commentaire, et le redouter comme leur enlevant les prémices de leur propre science, ou les restes d'une science qu'ils ont négligé d'entretenir par l'étude. Mais le professeur qui sait, celui qui prépare sa classe ne sera jamais embarrassé avec le plus abondant commentaire entre les mains de ses élèves. Tous les professeurs que nous avons l'honneur de connaître , soit dans l'enseignement de l'État, soit dans l'enseignement libre, sont dans ce dernier cas.

Résumons-nous :

1° Les éditions annotées ont pour elles l'autorité des hommes les plus expérimentés dans l'enseignement : tous s'en servent, tous les demandent.

2° Les notes ne forment pas un commentaire complet, auquel il ne resterait rien à ajouter, parce qu'un enseignement écrit est bien plus bref, plus restreint qu'un enseignement oral ; loin de contrarier le professeur, le commentaire mis entre les mains de ses élèves lui sert à montrer sa propre science, à mériter encore mieux la juste réputation de savoir qui forme une partie de la considération dont il jouit ; en outre, il lui est utile dans son enseignement, parce qu'il contient le résumé d'études longues, variées, dispendieuses, difficiles, sur toutes les parties de la science, et que nul, à moins d'être comme une encyclopédie vivante, ne peut avoir, sur chaque auteur, toutes ces connaissances qu'une étude spéciale ne procure encore que d'une manière plus ou moins incomplète.

3° Les éditions annotées servent à donner une direction partout, à entretenir dans tous les établissements où l'on s'en sert un bon niveau d'études, à perpétuer les saines, les meilleures méthodes d'enseignement.

4° Elles sont indispensables aux élèves pour les aider à préparer leurs auteurs, comme le veut l'instruction ministérielle sur le programme des études, pour les lire, en dehors de la classe ; elles ne les aident pas trop dans l'explication en classe, parce que cette explication n'est qu'un spécimen de la manière d'étudier hors de la classe.

5° Tous les élèves lisent les notes, du moment qu'on ne doit pas les dispenser de l'explication : les bons les lisent par amour de l'étude ; les mauvais, par nécessité, par insuffisance ou paresse d'esprit ou de sagacité.

6° Enfin, nos pères se servaient d'éditions annotées, et cela les aidait, incontestablement, à bien savoir les langues anciennes ; ils les auraient sues aussi bien qu'on les sait aujourd'hui, s'ils avaient eu des commentaires comme on en fait maintenant à l'aide des découvertes de la science moderne, en philologie, en histoire, en géographie et en archéologie.

Si maintenant on veut nous opposer d'autres objections, nous sommes prêt à les écouter, et nous acceptons d'avance la discussion. Ceci n'est point forfanterie, car, nous le répétons, nous ne prenons pas ici notre jugement seul pour règle de notre conviction ; nous nous appuyons sur l'expérience d'une foule de maîtres des plus éclairés, soit dans l'enseignement de l'État, soit dans l'enseignement libre. Tous préfèrent, demandent pour leurs élèves des éditions annotées « qui aient été l'objet d'une révision attentive, » et nous pouvons dire que l'opinion que nous venons de soutenir est l'opinion, sinon universelle, au moins générale, au sens le plus étendu du mot.

APPENDICE

Il nous faudrait des volumes pour rapporter ici les preuves à l'appui de ce que nous venons de dire ; elles se trouvent dans les éditions mêmes. D'ailleurs, on se fera facilement une idée du travail qu'a exigé une édition d'*Horace*, comme celle de M. Cartelier, par exemple, pour laquelle ce professeur a consulté et étudié toutes les grandes éditions savantes du poëte, depuis le dix-septième siècle jusqu'à nos jours ; tous les travaux de quelque valeur dont il a été l'occasion, jusqu'à certains articles du *Journal des Savants* ; les principales traductions, telles que celles de Dacier, de Sanadon, de Batteux, de Vanderbourg, etc., etc. ; enfin, où, sur les points les plus controversés, il a demandé des communications verbales avec nos savants les plus distingués.

Nous aurions les mêmes observations à faire pour Virgile, Cicéron, Démosthène, Tacite, Salluste, etc. ; pour les éditions françaises également, Bossuet, Massillon, Fénelon, Montesquieu, Boileau, etc. Voici quelques brèves notes sur trois ou quatre auteurs seulement, que nous prenons presque au hasard.

DÉMOSTHÈNE, *Discours sur la couronne*, édition annotée par M. Narcisse Landois. Le professeur a revisé le texte sur les éditions de *Bremi*, de *Dissen*, de *Baiter* ; il a consulté, en outre, celle de *Harley*, de *Reiske*, de *Dobson*, etc. ; en un mot, il a mis à profit les éditions les plus estimées de l'Allemagne et de l'Angleterre, et les travaux français (commentaires historiques, traductions) les plus accrédités. « Je me suis attaché, dit M. Landois, à bannir du texte la ponctuation allemande, dont la plupart des éditions sont défigurées, et qui est si peu d'accord avec l'allure périodique de la phrase grecque. » — A propos de son propre commentaire, il ajoute : « Ce discours est à la fois un compte de gestion, une justification du système vaincu, une discussion juridique, et une œuvre littéraire où les merveilleuses ressources de l'art oratoire des Grecs sont déployées par le maître de cet art lui-même ; que de difficultés, que d'explications, que de remarques soulèvent donc à chaque pas, l'histoire, la chronologie, la jurisprudence, la rhétorique, la syntaxe ! etc. »

SOPHOCLE. M. Berger n'a pas fait un moindre travail pour cinq tragédies de *Sophocle* ; toutes les grandes éditions savantes, tous les commentaires de quelque valeur, il a tout lu, tout étudié, tout dépouillé, la plume à la main, soit pour établir les meilleures leçons dans son texte, soit pour arriver à la solution d'interprétations sur lesquelles les savants ne s'accordent pas, et qui sont de véritables énigmes pour des étudiants. La liste seule des érudits dont M. Berger a dû étudier les travaux suffira pour faire apprécier combien cette étude était vaste et difficile. Voici cette liste relevée, non pas encore complète, dans les commentaires dont le savant professeur a accompagné ses éditions : Boissonnade, Musgrave, Hermann, Thiersch, Wex, Wunder, Bœck, Reisig, Pierson, Valckenaër, Bothe, Gruppe, Hasselbach, Bozzelli, Jacobs, Benteley, Masgrave, etc. De plus, une foule de traductions, d'imitations, de dissertations philologiques ou critiques, qu'il indique avec soin, et auxquelles il fait, à l'occasion, des emprunts aussi judicieux que sobres et précis.

M. Gaillard, que nous avons consulté sur les recherches qu'il a faites pour son édition classique du *de Oratore* de Cicéron, a bien voulu nous communiquer la note suivante :

« Il me serait difficile d'indiquer toutes les sources auxquelles j'ai dû puiser pour le commentaire du *de Oratore;* je n'en ai pas conservé la note exacte, et le détail, même incomplet, en serait long, fastidieux, superflu d'ailleurs. Qui ne sait tout ce que, pour un travail de ce genre, il faut compulser, étudier, dépouiller d'auteurs dans les trois langues, pour y trouver soit des explications, soit des rapprochements, soit des autorités. Ici la bibliothèque latine presque tout entière a dû être mise à contribution. Après avoir étudié les anciennes éditions les plus accréditées, antérieures à celle de M. J.-V. Le Clerc, je me suis principalement aidé des travaux de plusieurs éditeurs plus ou moins récents, et de savants commentateurs et philologues étrangers, dont les ouvrages, pour quelques-uns du moins, sont peu répandus en France, et ne se trouvent même pas tous peut-être dans les grandes bibliothèques publiques : Schütz, Orelli (2ᵉ édition) avec ses Scholies et son *Onomasticon*, Müller, Bothe, Ellendt, Madvig, Henrichsen, etc. Enfin, je me suis fait un devoir d'aller consulter, à Avranches même, le précieux mais incomplet manuscrit du *de Oratore* que M. Ravaisson y a découvert il y a quinze ans à peine. Quant aux questions relatives au droit romain, très-nombreuses dans l'ouvrage, j'ai dû, non-seulement faire des recherches dans les jurisconsultes latins , mais recourir aux travaux, et ce qui ne m'a pas été moins utile, aux obligeantes communications de quelques-uns de nos professeurs les plus savants dans cette matière, MM. Giraud, Laferrière, Pellat, Ortolan. »

Nous pourrions donner encore une très-abondante nomenclature d'ouvrages indispensables à étudier pour faire une bonne édition classique française; on y verrait que Bossuet, Fénelon, Massillon, Fléchier, Boileau, La Fontaine, Montesquieu, etc., n'ont pas exigé moins de recherches, bien que d'un autre genre, de lectures, de travaux préparatoires, que les auteurs de l'antiquité grecque et latine. Pour citer un exemple, nous prendrons un poëte dont les œuvres paraissent présenter le moins de difficultés , *J.-B. Rousseau, Œuvres lyriques.* M. Manuel, qui en a fait une édition classique, que M. Saint-Marc Girardin a pris plaisir à citer plusieurs fois dans son cours de la Sorbonne, nous a fait connaître dans la note ci-dessous les principales études auxquelles il s'est livré pour cette édition.

NOTE SUR LES LECTURES faites pendant trois ans pour l'édition classique de J.-B. Rousseau, par E. Manuel.

Sur sa vie et ses œuvres en général :

1° L'édition de Soleure (rare) 1712. — L'édition de Rotterdam, 1712, avec les mémoires justificatifs, etc. (rare).— Les principales éditions complètes, jusqu'à *la grande édition de* 1743 (rare).

2° Les principaux biographes de Rousseau.

3° La *Correspondance* complète de Rousseau (Genève, 1749, 3 vol. petit in-18, *très-rare*). —Nota. Les éditions dites *complètes* de J.-B. ne contiennent qu'un choix de cette Correspondance.

4° Les œuvres et la correspondance des amis de Rousseau, savoir : *Rollin, L. Racine, Lafare, Chaulieu, Duché, Lafosse,* les PP. *Brumoy* et *Tournemine,* etc.

5° Les diverses pièces et enquêtes relatives à son procès, à sa condamnation, à son exil, etc. (pièces imprimées surtout dans les contrefaçons de la Hollande).

Sur ses poésies sacrées.

Le texte des psaumes, et les commentaires. — Loth, *de sacra poesi Hebræorum.* — Herder, *la Poésie des Hébreux.*—La grande *traduction des psaumes* de S. Cahen, avec le texte hébreu en regard. — Munk, *la Palestine.*

La plupart des traductions ou imitations des psaumes, ou des livres saints, en vers, depuis le XVIᵉ siècle; et un grand nombre de poésies religieuses, chrétiennes, bibliques, des XVIe, XVIIe et XVIIIe siècles (spécialement les *Psaumes* de Marot (1543); les *Paraphrases* de Desportes (1593); celles de Chassignet (très-rare); Godeau (*Poésies chrétiennes*); les *Paraphrases* de Desmarest de Saint-Sorlin (rare); le *Parnasse séraphique* de Martial de Brives, capucin (rarissime); les *Entretiens solitaires*, de Brébeu (rare), etc.

Quelques-uns de ces ouvrages ont été consultés à Grenoble et à Tours ; la Bibliothèque de Tours a des choses précieuses. — La plupart ne sont qu'à Paris (Arsenal, Sorbonne, Bibliothèques Impériale et Mazarine) ; quelques-uns m'ont été prêtés par un ami, bibliophile, dont la bibliothèque est merveilleusement fournie en vieux poëtes.

Pour ses poésies lyriques :

Les lyriques grecs et latins; Charles d'Orléans; — Ronsard, et toute la pléiade; — Odes à Henri IV, composées de 1600 à 1607, par Porchères, Duperron, Berthaud, Rosset, Montchrétien, etc. (V. *le Parnasse des plus excellents poëtes français de ce temps*, chez Matthieu Guillemot, au Palais, 1067 (rare). — Recueil des odes et hymnes adressées à Richelieu, par Faret, Marbeuf, Lestoile, Boisrobert, Racan, Scudery, Colletet, Mondory, etc. — (V. *le Sacrifice des muses*, recueil publié par Boisrobert et Baudoin, 1635) (rare).

Les recueils des poésies lyriques de la deuxième partie du XVIIe siècle ; — Recueil des poëtes français du deuxième et du troisième ordre, par *Champagnac*, 6 volumes, chez Ménard et Desenne (assez rare). — Malherbe, Voiture, Tristan, le Père Lemoyne, Sarrazin, Saint-Amand ; les hymnes de Santeuil, — Corneille, l'*Imitation de Jésus-Christ*. — Racine, les *hymnes*, etc.

Pour la date de la composition des diverses pièces, sur les personnages, les circonstances biographiques ou historiques :

1° Le *Mercure galant* de 1690 à 1715 (des choses rares et précieuses parmi ce ramas de platitudes). — 2° Saint-Simon, et les autres mémoires du temps; les articles biographiques, des correspondances, etc. (sur Grimani, Zinzindorf, le comte de Lannoi, etc.). — 3° *Vie du Prince Eugène*. — 4° Discours prononcé à Soleure par le comte du Luc (1709). — 5° *Correspondance et poésies* de Voltaire. — 6° Correspondance de Grimm.

Pour les rapprochements, jugements, etc. :

Lamotte-Houdar, Lefranc de Pompignan, Gilbert, Lebrun, etc.

Les critiques, ou annotateurs: *Bouhours, Perrault, Brossette, Fontenelle, Vauvenargues, Marmontel, Laharpe, Lebrun, Fontanes, Dussault, Amar, Villemain*, etc., etc.

Enfin, tout ce qu'on récolte encore, deci et delà, pendant trois ans de lectures faites avec un travail dominant en tête.

NOTE 2, POUR LA PAGE 8.

Parmi les ressources que les bonnes éditions françaises offrent aux professeurs, il y a, pour les poëtes surtout, quelquefois les *variantes*. Voici comment nous avons indiqué, à titre d'essai, ce moyen, dans le *Conseiller de l'enseignement* du 15 mars 1853.

« ..... Une innovation, ou quasi innovation dans le commentaire de M. Travers (1), j'ajouterai une innovation des plus heureuses, et qui, dès l'abord, annonce le professeur de littérature, l'homme de goût habitué à l'enseignement, c'est l'insertion des *variantes* au bas du texte définitif. Des variantes pour des écoliers ! diront peut-être quelques esprits superficiels; à quoi bon ? quel profit en peuvent-ils tirer ? Il y a quinze ou vingt ans,

(1) *Œuvres poétiques de Boileau-Despréaux*, édition collationnée sur les meilleurs textes, avec un choix de notes de tous les commentateurs, des notes nouvelles, des jugements sur chaque pièce, des sommaires historiques et analytiques, et les variantes de l'auteur. 1 vol. in-12, prix 1 fr. 50.

des professeurs ont eu l'idée, toute germanique, de surcharger les textes
grecs mis entre les mains des écoliers, de nombreuses variantes, qui ne
faisaient que grossir inutilement les volumes, sans aucune espèce d'utilité
pour l'étude : elles servaient seulement à faire voir que l'éditeur avait com-
pulsé beaucoup d'éditions. Pourquoi renouveler cette malheureuse tenta-
tive ? car on n'a pas remarqué que les élèves qui se servaient de ces éditions apprissent mieux le grec que ceux qui, de nos jours, ont eu des éditions purgées de tout ce fatras stérile. — Distinguons, messieurs : n'allez
pas comparer les variantes des ouvrages de l'antiquité grecque ou latine à
celles des œuvres de notre littérature moderne : les premières ne sont purement que des *errata*, plus ou moins bons, ou quelquefois mauvais, rédi-
gés par des savants modernes en vue d'amender et de corriger des textes
dont nous n'avons eu que des copies, faites souvent par des mains igno-
rantes ; les secondes, au contraire, sont des études de style, de pensées,
d'harmonie, des études de goût, quelquefois même de composition, faites
par nos grands écrivains sur eux-mêmes, et parfaitement authentiques.
Voyez les premières éditions des tragédies de Corneille ; voyez, pour citer
quelque chose de moins rare, le commencement du troisième acte de *Bri-
tannicus* et la première scène du troisième acte des *Plaideurs* de Racine ;
voyez beaucoup des poésies sérieuses de Voltaire, où cet esprit qui cou-
rait toujours après la perfection, a retourné ou modifié sa pensée de plusieurs manières, et quelquefois avec tant de bonheur, que le lecteur ne
sait s'il doit préférer la leçon définitive à la variante, ou la variante à la
dernière leçon du poëte. Voilà de véritables variantes, des variantes litté-
raires, tandis que celles des auteurs de l'Antiquité, mêmes les plus judicieusement faites, n'ont, pour ainsi dire, aucun caractère de nationalité
qui les rende dignes d'une étude sérieuse.

« Pour revenir à Boileau, si l'on veut remarquer que ses œuvres poétiques
se voient en troisième, en seconde, en rhétorique, on comprendra sans
peine que des élèves dont l'intelligence est déjà ouverte, le goût éveillé
par une culture de plusieurs années, enfin que leur âge rend un peu plus
sérieux, plus attentifs ; que ces élèves, dis-je, peuvent lire avec fruit les
variantes d'un poëte qui possédait si bien toutes les ressources de notre
langue. C'est là pour eux, je ne crains pas de le dire, la meilleure et la
plus profitable des leçons. en Effet, lorsqu'on manque d'expérience soi-
même, lorsqu'on n'a pas le goût entièrement formé, on s'instruit bien
mieux en étudiant les fautes d'un grand écrivain qu'en admirant ses beautés
D'ailleurs, pour apprécier, ne faut-il pas comparer ? et quelle plus utile et
plus intéressante comparaison que celle d'un esprit d'élite qui vous admet,
pour ainsi dire, au travail de sa propre pensée et vous dit : « Ceci était
faible, ou faux, ou inélégant, voilà comment je l'ai refait ; lisez et profitez,
jeune homme. Apprenez que pour bien écrire, il faut souvent raturer, souvent refaire ; *sæpe stylum vertas*, comme dit votre Horace. Méfiez-vous de
la facilité : presque toujours elle ne conduit qu'à ce qu'il y a de pis en
littérature, à la médiocrité.

« Loin de moi la prétention de croire que l'étude des variantes d'un grand
écrivain sera tout à fait profitable aux élèves sans la direction du maître ;
aussi je voudrais qu'il les leur commentât à l'occasion, ou qu'il les leur
donnât à commenter, comme sujet de devoir. Je n'ai pas l'honneur d'ap-
partenir au professorat, aussi je demande à nos lecteurs la permission de
leur développer ma pensée en l'appliquant directement. Je le ferai mal,
à coup sûr ; mais si malgré mon insuffisance j'arrive à formuler comme
un embryon de leçon qui ne manquera peut-être pas d'intérêt, on verra ce
que pourrait devenir une leçon de ce genre faite par un professeur habile,
expérimenté, plein de savoir et de goût, comme il s'en trouve tant dans
le corps enseignant. Il me semble que cet exercice ne serait pas seulement utile, mais qu'il plairait beaucoup aux élèves par sa nouveauté

même, et varierait également pour eux les exercices accoutumés sur les langues anciennes.

« J'aime assez, en toutes choses, commencer par le commencement: Boileau étant vu, pour la première fois, dans la classe de troisième (les Satires seulement), je vais prendre le *Discours au roi*, qui précède les Satires, et qu'aucun professeur ne fait passer à ses élèves. Mes renvois se rapporteront à l'édition de M. Julien Travers.

Leçon du texte, v. 5-8 :

> Grand roi, si jusqu'ici, par un trait de prudence,
> J'ai demeuré pour toi dans un *humble* silence,
> Ce n'est pas que mon cœur, vainement suspendu,
> Balance pour t'offrir un encens qui t'est dû.

VARIANTE ou 1re leçon des trois derniers vers :

> J'ai demeuré pour toi dans un *lâche* silence,
> Ce n'est pas que mon cœur, de ta gloire charmé,
> Ne soit à tant d'exploits d'un saint zèle enflammé.

Humble silence vaut infiniment mieux que *lâche* silence, bien que *lâche* soit ici à peu près synonyme d'inerte, d'indifférent. *Humble* marque le respect dû à la personne du roi. — *De ta gloire charmé* est moins expressif que *vainement suspendu*, qui laisse supposer l'ardeur, l'enthousiasme pour la gloire du roi. — *Ne soit à tant d'exploits* est affreusement dur.

Leçon, v. 10-11 :

> Et dans ce haut éclat où tu te viens offrir,
> Touchant à tes lauriers, craindrait de les flétrir.

VARIANTE ou 1re leçon :

> Et ma plume mal propre à peindre des guerriers,
> Craindrait en les touchant de flétrir tes lauriers.

Mal propre faisait un mauvais effet dans un discours noble, bien que la locution fût usitée ; ainsi Molière, à peu près dans le même temps, faisait dire à son *Misanthrope* :

> Monsieur, je suis *mal propre* à bien juger la chose.

Il était plus adroit et plus flatteur de parler au roi de son haut éclat, que de lui dire qu'on ne saurait peindre des guerriers. Il y a une seconde variante sur le premier vers :

> Et de si hauts exploits mal propre à discourir.

C'était toujours une pensée maladroite, en même temps qu'un vers médiocre; car, encore un coup, Boileau ne pouvait pas dire à un guerrier qu'il ne savait pas chanter ses exploits.

Leçon, v. 14 :

> Je mesure mon vol à mon faible génie.

VARIANTE ou 1re leçon :

> Je sais régler ma muse à son humble génie.

Le premier vers est plus poétique que le second. Et puis c'est le poëte qui a plus ou moins de génie ; la muse n'est que son inspiration. *Faible* est aussi plus juste que *humble* : ce dernier adjectif semble indiquer une volonté, tandis que l'autre marque un état indépendant de la volonté.

Leçon, v. 17, 18 :

> Qui, dans ce champ d'honneur où le gain les amène,
> Osent chanter ton nom sans force et sans haleine.

VARIANTE ou 1re leçon :

> Dont la muse, marchant d'un pas lent et timide,
> Ne t'offre en ses écrits qu'une louange aride.

Le premier vers était faible et commun. On ne sait pas bien ce que c'est

qu'une *louange aride*; le poëte voulait dire sans doute aride dans son expression.

Leçon, v. 37:

> C'est à leurs doctes mains, si l'on veut les en croire.

Variante ou 1re leçon :

> C'est à leurs vains écrits, si l'on veut les en croire.

Ce vers faisait une espèce de contre-sens ; car il exprimait la pensée de
poëtes qui voulaient chanter Louis, et naturellement ils ne devaient pas
avoir une si mauvaise idée de leurs écrits : *doctes mains* est donc une très
heureuse correction.

Leçon, v. 49 :

> Ce n'est pas que ma plume, injuste et téméraire,
> Veuille blâmer en eux le dessein de te plaire ;
> Et parmi tant tant d'auteurs, je veux bien l'avouer,
> Apollon en connaît qui te peuvent louer.

Variante ou 1re leçon :

> Ce n'est pas que ma plume, à soi-même infidèle,
> En blâmant leurs écrits veuille blâmer leur zèle ;
> Et parmi tant d'esprits, je veux bien l'avouer,
> Il est des Apollons qui té savent louer.

A soi-même infidèle, rendait mal la pensée qui était : « N'obéissant pas à
son penchant, à ses inclinations. » — *Leur zèle* dit moins que « le dessein
de te plaire. » *Il est des Apollons*, etc. Cela ne faisait pas doute : du moment qu'on en fait des Apollons, il est sûr qu'ils ont le talent de la poésie.
Des *auteurs connus d'Apollon* est donc beaucoup plus juste.

Leçon, v. 59 :

> Et j'approuve les soins du monarque guerrier
> Qui ne pouvait souffrir qu'un artisan grossier
> Entreprît de tracer d'une main criminelle
> Un portrait réservé pour le pinceau d'Apelle.

Variante ou 1re leçon :

> Et j'approuve les soins de ce prince guerrier
> Qui, craignant le pinceau d'un artisan grossier,
> Voulut qu'Apelle seul exprimât son visage,
> Ou Lysippe en arain fît fondre son image.

Du monarque guerrier rend le vers plus nombreux que celui de la variante
où *de ce prince* faisait une consonnance d'*e* muets successifs peu agréable
pour une oreille délicate. *Qui ne pouvait souffrir* vaut mieux que « qui
craignant ; » *qui crai...* est dur, et puis Alexandre ne devait rien craindre,
pas même un mauvais peintre. *Qu'Apelle seul* est encore très-dur. *Expri-
mât son visage* disait mal « peignît son visage. » *Lysippe* n'avait que faire
ici : ce vers semblait mis là pour la rime seulement.

Leçon, v. 75 :

> Qui du butin des fleurs va composer son miel.

Variante ou 1re leçon :

> Qui des fleurs qu'elle pille en compose son miel.

En était de trop. Le *butin des fleurs* est une expression juste, pittoresque,
et le vers entier est plus nombreux.

Leçon, v. 91.

> Ce sont eux que l'on voit d'un discours insensé.

Variante ou 1re leçon :

> Ce sont eux que l'on voit d'un esprit insensé.

La pensée est la même ; cependant *discours* est préférable à *esprit*, parce que les nouvelle se répandent par la parole, bien que ce soit l'esprit qui inspire les discours.

Leçon, v. 99.

En vain d'un lâche orgueil leur esprit revêtu.

VARIANTE ou 1re leçon :

En vain de cent défauts leur esprit revêtu.

Tous les jeunes gens comprendront sans peine que *lâche orgueil* est bien plus énergique que *cent défauts*, qui a quelque chose de vague et d'incertain.

Leçon, v. 118 :

Et qui sont accablés du faix de leur couronne.

VARIANTE ou 1re leçon :

Et qui sont accablés du poids de leur couronne.

Faix est poétique, et *poids* ne l'est pas. Souvent il suffit d'un mot mis à la place d'un autre pour rendre un vers bon ou mauvais ; Voltaire, déjà vieux, avait bien voulu adresser à l'*Almanach des Muses*, une petite pièce de vers sur sa propre vieillesse, et qui commençait ainsi :

Croyez qu'un vieillard cacochyme
Chargé de soixante et douze ans, etc.

L'éditeur crut que l'illustre poëte s'était trompé et mit au second vers :

Agé de soixante et douze ans, etc.

Quand Voltaire reçut le volume, il le jeta en disant : « Le sot ! est-ce qu'il croit que je lui ai envoyé mon extrait de naissance ! »

Leçon, v. 129 :

Alors, sans consulter si Phébus l'en avoue,
Ma muse toute en feu me prévient et te loue.

VARIANTE ou 1re leçon :

Alors, sans consulter si Phébus m'en avoue,
Ma muse avec chaleur et t'admire et te loue.

Toute en feu est plus pittoresque que « avec chaleur. » Il ne faut jamais perdre de vue le précepte d'Horace : *Ut pictura poesis*. *L'en avoue* est plus juste que *m'en avoue*, la muse obéit au dieu de la poésie et non pas au poëte.

Leçon, v. 137 :

Et sans passer plus loin, finissant mon ouvrage.

VARIANTE ou 1re leçon :

Et soudain, sans raison, finissant mon ouvrage.

Sans raison était fautif ; car il vient de dire dans les vers précédents pour-quoi il abandonnait son ouvrage.

« On voit combien cette pièce, qui n'a que cent quarante vers, peut prê-ter à d'utiles remarques. Il y en a bien d'autres qu'un esprit plus expéri-menté que le mien pourra trouver encore. Le champ ne sera ni moins vaste, ni moins fécond dans les *Satires* qui, ayant été les premiers ouvra-ges de Boileau, sont ceux qu'il a le plus corrigés. Dans ses autres pièces, et notamment *l'Art poétique* et *le Lutrin*, qu'il composa dans toute la ma-turité de son talent, on trouve fort peu de variantes ; mais elles sont peut-être plus remarquables encore par les nuances de perfection que l'on y rencontre. La distribution des œuvres poétiques de Boileau dans les classes, nous paraît inspirée par un véritable esprit pratique de l'enseignement : dans la classe où l'on commence l'étude de cet auteur, on fait voir ses ouvrages les moins parfaits, non pas (nous le pensons) à cause des matiè-res qui y sont traitées, mais parce qu'ils offrent plus de prise à des remar-ques de goût, à un enseignement qui, fait avec soin, peut servir comme d'une initiation pour conduire la jeunesse à mieux goûter, dans les classes supérieurés, les chefs-d'œuvre du législateur du Parnasse français, que toute personne un peu lettrée doit pouvoir apprécier, et presque savoir par cœur.... . »

NOTE 3, POUR LA PAGE 11.

Parmi quelques dissertations que nous avons publiées sur cette question nous prenons la liberté de reproduire les deux suivantes.

NÉCESSITÉ DE L'ÉTUDE DE L'ARCHÉOLOGIE

POUR BIEN TRADUIRE LES LANGUES ANCIENNES.

« *Traduttore, traditore*, dit un vieux proverbe italien, c'est-à-dire *traducteur, trahisseur*. Je demande pardon pour ce dernier mot, nécessaire ici à l'équilibre des consonnances; quoiqu'il s'entende bien, il n'en est pas moins un barbarisme, je le dis à l'honneur de notre caractère national. Le proverbe italien est vrai dans toutes les langues; vrai dans ce sens, non pas qu'un traducteur ne peut rendre l'élégance, la grâce où l'énergie de son original : on n'exige pas tant; mais qu'il ne lui fait pas dire toujours ce qu'il dit, dans une foule d'occasions où cela serait très-facile. Et pourquoi le traducteur, ou mieux les traducteurs en général, se négligent-ils sur une chose aisée, quand ils font tant d'efforts sur d'autres points si difficiles? Parce qu'ils oublient d'étudier l'archéologie, au moins celle de leur auteur. C'est un rude métier que celui de traducteur, et les bonnes, je dirai plus, les médiocres traductions, ne sont jamais prisées, même par les gens d'études, ce qu'elles coûtent ni ce qu'elles valent. Pour ne citer que des œuvres capitales, le *Tacite* de Burnouf, le *Plaute* de M. Naudet, le *De Oratore* de M. Gaillard, et dix autres traductions que je pourrais nommer, seront toujours des travaux dignes de la plus haute estime, et qui, même dans une littérature aussi riche que la nôtre, ont droit de prendre rang immédiatement après les grands ouvrages d'invention. A quoi ces traductions doivent-elles une bonne partie de leur mérite? A cela que leurs auteurs ne se contentaient pas d'être bons latinistes, dans le sens étroit et vulgaire du mot, mais qu'ils étaient aussi archéologues. Sans l'archéologie romaine (puisque nous ne parlons que du latin) on sera toujours un latiniste incomplet, et toujours près de faillir. Notre vieille et vicieuse habitude de n'étudier que le côté littéraire de la langue a fait reléguer dans l'archéologie tout ce qui n'est pas cette langue littéraire, telle que la langue du droit et de la jurisprudence, celle de l'art militaire, celle de l'architecture, des beaux-arts, etc., comme si tout cela n'était pas les membres d'un même corps! Aussi il arrive qu'un traducteur qui rendra d'une manière très-satisfaisante un morceau de Tite-Live, un discours de Cicéron, sera fort embarrassé pour comprendre telle ou telle page de Vitruve, et une foule d'expressions dans César ou dans Végèce.

« Des traducteurs remédient à cette insuffisance de leur éducation en se faisant aider, dans certaines parties, par des savants plus spéciaux, comme ces peintres d'histoire, incomplets aussi, qui ayant besoin de grandes représentations d'architecture pour la scène de leurs tableaux, les demandent à des architectes. Mais tout cela ne remédie pas au mal, s'il le pallie quelquefois. La devise de Bias, *Omnia mecum porto*, doit être celle de tout traducteur; car par cela seul qu'on est ignorant dans une chose importante, on ne peut pas connaître toute son ignorance, et pour deux ou trois fois que vous penserez à vous faire redresser, vingt autres fois vous ne vous apercevrez pas que vous auriez besoin d'un aide.

« Si nous nous adressions ici à des savants vieillis dans l'étude, nous nous abstiendrions de ces observations ; mais c'est principalement à la jeunesse que nous offrons les réflexions du *Conseiller de l'enseignement* : aussi ne craindrons-nous pas d'aller au-devant d'une réponse ou d'une objection que l'on pourrait nous faire, c'est qu'un bon dictionnaire doit tenir lieu des connaissances variées que nous demandons pour bien traduire. C'est là l'illusion la plus trompeuse qu'il soit possible de se faire ; aucun dictionnaire ou lexique de la langue ne peut tenir lieu de l'étude de l'archéologie ; sa rédaction, forcément concise, même dans le plus développé, n'explique presque rien ; et puis enfin, sans médire de personne, et tout en rendant justice aux beaux ou aux estimables travaux qui ont été publiés en ce genre, les lexicographes ne sont pas archéologues ; la langue n'est guère pour eux que comme un squelette dont ils sont obligés de mettre chaque pièce à part, bien que les plus intelligents d'entre eux comprennent que toutes ces pièces jointes serviraient à s'expliquer les unes par les autres ; mais le genre de l'ouvrage ne le permet pas.

« Qu'il nous soit permis maintenant d'apporter quelques preuves à l'appui des observations que nous venons de faire. Nous devrons naturellement les puiser dans ces traductions parées de noms recommandables. Nous protestons d'avance contre toute intention de malveillance ; si nous puisons dans ces ouvrages, c'est qu'ils jouissent justement de l'estime publique, et les quelques taches que nous y relèverons ne les empêcheront pas de demeurer de bons ouvrages. Ceci dit, et sincèrement dit, j'aborde ma matière en prenant au hasard.

« J'ouvre le *Brutus* de Cicéron, traduit par Burnouf, et je trouve au chapitre XXII, deux petites inexactitudes : le savant latiniste traduit *quoad ei nuntiatum esset consules descendisse*, « jusqu'à ce qu'on lui annonçât que les consuls étaient arrivés. » *Arrivés* ne rend pas *descendisse*, qui est ici une expression caractéristique ; il s'agit de la venue des consuls au Forum ; or, le terme consacré était *descendere*. Les Romains ne disaient pas *aller* au Forum, quand ils étaient dans la ville, mais *descendre* au Forum, parce que cette place était dans une partie basse de la ville, et que les grands et les riches avaient presque tous leurs maisons sur les collines. *Descendre* était, dans ce cas, une expression noble et digne que l'on employait pour tout homme important. Du Rozoir, dans sa traduction du *de Beneficiis* de Sénèque (III, c. 27), a aussi oublié cette habitude de langage, en traduisant *descendenti Cæsari occurrit*, par « Il se présente à César comme il descend de son palais. » Le latin ne parle pas de *palais*, et le verbe *descendenti*, employé seul, signifie que César « descendait *au Forum*. »

« Je reviens au Brutus : l'orateur Galba travaille chez lui *in quadam testudine cum servis litteratis*; Burnouf traduit : « dans un cabinet avec ses secrétaires. » La chose est rendue à la moderne ; mais au point de vue romain, c'est un contre-sens : *testudo* désigne ici ce que Vitruve appelle un atrium *testudiné*, c'est-à-dire couvert en entier d'un toit qui ressemblait, extérieurement, à la carapace d'une tortue. Ce toit était élevé sur les murailles de l'atrium, de sorte que le jour et l'air passaient dessous. Galba travaillait dans un endroit aéré ; car sous un climat chaud comme celui de Rome, on n'aimait pas à rester renfermé dans un *cabinet*. Il aurait donc fallu traduire : « dans un *atrium testudiné*, avec ses secrétaires. »

«Une des plus fâcheuses habitudes de traduction, c'est de rendre par des équivalents, ou plutôt par de prétendus équivalents, des termes qui ne sont pas courants dans notre langue ; ainsi Du Rozoir, dans une traduction du *de Tranquillitate animi*, de Sénèque CAP. IX, rend : *cui voluminum suorum frontes maxime placent, titulique*, par : «met tout son plaisir dans les titres des livres et dans leurs couvertures. » *Frontes* signifie les *tranches* du rouleau et non les couvertures, et *tituli*, les *étiquettes* qui sortaient des tranches quand les volumes étaient rangés dans la bibliothèque, à peu près comme une pile de bois. Ainsi le bibliomane dont il s'agit ici ne touchait pas même à ses livres; il les regardait sans les déployer, sans voir la couverture, ce que la traduction à la moderne ne fait pas comprendre.

« Une autre erreur fréquente est de traduire *atrium* par *vestibule*; la faute est aussi grossière que si, dans nos habitations modernes, on appelait *vestibule* la cour qui souvent précède l'espèce d'antichambre que nous nommons *vestibule*. Du Rozoir, dans le chapitre XXVIII du *de Beneficiis* de Sénèque, a commis cette inadvertance, peut-être sciemment; son auteur parlant des nobles *qui imagines in atrio exponunt,* il traduit : « ceux qui exposent dans leur *vestibule* les images de leurs ancêtres. » Du Rozoir était un professeur trop savant pour avoir oublié que ces images étaient des bustes en cire, qui n'auraient pu supporter les injures de l'air, ni les rayons du soleil ; il savait aussi que chez les Romains, le *vestibulum* était une *place* devant la maison : il s'est donc laissé égarer par un malheureux système qui, on le voit, conduit droit à faire un contre-sens. Ailleurs c'est Guéroult qui, dans un passage où Pline (XVII, I) parle de quatre colonnes de marbre dont Crassus avait orné l'atrium de sa maison, *in atrio ejus domus statuerat,* traduit: « avait placé dans son *vestibule,* etc. » Qu'auraient fait là ces colonnes? Tandis que dans un atrium, cour entourée de portiques en colonnades, surtout dans les maisons des riches comme Crassus, ces colonnes se trouvent naturellement à leur place : elles se mêlaient à d'autres ; ou peut-être, en raison de la rareté de la matière (c'était du marbre du mont Hymette), Crassus en composa-t-il un atrium tétrastyle, comme on en faisait souvent.

« Voici des exemples d'un autre genre. Aulu-Gelle (XVI, 2), faisant raconter à un juge-*arbitre,* une affaire qui avait été portée devant lui, commence ainsi : *Petebatur apud me pecunia, quæ dicebatur data numerataque,* phrase que le traducteur reproduit par ces mots: « Un particulier se présente devant mon tribunal, et demande que je lui fasse rendre une somme qu'il disait avoir prêtée. » *Devant mon tribunal,* pour rendre *apud me,* est un gros contre-sens de mœurs ; il n'y avait que les grands magistrats, tels que les consuls, les édiles, les préteurs, qui jugeassent sur un *tribunal* ; tous les juges délégués (et l'*arbitre* appartenait à cette catégorie), jugeaient *de plano,* c'est-à-dire à terre, côte à côte, pour ainsi dire, avec les parties : *apud me* est donc dans Aulu-Gelle une expression parfaitement juste, que la traduction fait disparaître tout à fait. Le récit d'Aulu-Gelle est assez long, plein d'excellents traits, que l'on croirait modernes, tant ils sont vrais, et nous le signalons à MM. les professeurs comme pouvant fournir, au moyen de quelques coupures, une intéressante matière de version.

« Le mot d'*arbitre* que nous avons écrit plus haut nous rappelle une inadvertance d'un homme fort savant, de M. de Golbéry, dans la phrase suivante de Suétone (*Nero,* 17) : *Utque rerum actu ab ærario causæ ad Forum ac recuperatores transferentur.* Il traduit : « Enfin, on ordonna que les procès du fisc fussent portés au Forum, et devant des arbitres. » *Recuperator* n'a jamais signifié *arbitre,* et indique, au contraire, un autre ordre de juges. L'*arbitre* était un délégué du préteur pour juger les causes dites de bonne foi, où il s'agissait de prononcer sur une somme incertaine ; il jugeait suivant son sentiment, sans suivre les formules d'une justice rigoureuse. Le *récupérateur* était aussi un délégué du préteur, mais pour les questions de propriété générale et les faits de concussion. Il jugeait en audience publique et avec des assesseurs. Son jugement était bien aussi une espèce d'arbitrage, mais d'une nature particulière. On voit comment une confusion de termes, peut-être encore employés ici comme équivalents, pour être mieux compris du lecteur, conduit à l'inexactitude, et détruit la couleur locale en altérant ce que j'appellerai la vérité antique.

« Cette vérité réside dans les détails autant que dans les grands faits, et souvent dans les détails très-secondaires de l'histoire ; ainsi les derniers traducteurs de Tacite, D. Delamalle, Burnouf, Panckoucke, dans le chapitre relatif aux funérailles d'Auguste (*Ann.* I, 8), confondent le *mausolée* de ce prince avec le *Bustum*, lieu où fut dressé son bûcher. Tacite rapportant la substance d'un édit de Tibère, adressé au peuple avant les funérailles, dit : *Ne, ut quondam nimiis studiis funus divi Julii turbassent, ita Augustum in Foro potius, quàm, in Campo Martis, sede destinata, cremari vellent.* « Il recommanda au peuple de ne point troubler, par un excès de zèle, « les funérailles d'Auguste, comme autrefois celles de César, et de ne point « exiger que le corps fût brûlé au Forum plutôt qu'au Champ-de-Mars, « lieu fixé pour sa sépulture. » (D. DELAMALLE.) *Sede destinata*, ne peut s'entendre de la *sépulture*, mais du lieu marqué pour la combustion du corps, lieu situé auprès du mausolée, et que l'on appelait le *Bustum*, parce qu'on y dressait le bûcher. Burnouf a oublié aussi le *Bustum*, et traduit *sede destinata*, « où l'attendait son mausolée. » Panckoucke s'est moins éloigné du sens, mais en restant dans un vague qui ne vaut guère mieux ; il dit : « Plutôt qu'au Champ-de-Mars, lieu destiné aux obsèques. » Les trois traducteurs ont rendu *funus divi Julii*, par : « les funérailles de César. » Encore là un malheureux prétendu équivalent. Mais il fallait vous faire Romains, messieurs, en traduisant Tacite, et parler un langage intelligible aux Romains ; or nous ne connaissons plus votre César ; il n'y a plus pour nous qu'un *divin Jules*, et si Tacite nous avait parlé autrement de celui qui, de son vivant, s'appelait César, il aurait manqué à la décence publique, et commis une véritable impiété.

« Je vais au-devant d'une objection : « avec cette fidélité de termes, nous ne serions pas toujours entendus de nos lecteurs français. » La réponse sera facile ; il y a cent autres choses dans vos traductions qui sont des nouveautés, des étrangetés pour vos lecteurs, et sur lesquelles vous passez cependant : croyez-vous, par exemple, que tous vos lecteurs se fassent des idées bien justes de cette multitude de termes employés dans la langue politique de la constitutions romaine, et que vous employez continuellement, tels que curies, centuries, tribus, cens, etc., etc. Quand vous doutez de leur savoir en quelqu'un de ces points, vous faites des notes, vous expliquez, vous commeutez ; eh bien ! étendez un peu vos notes , et dans vos traductions , demeurez toujours fidèles au *costume*, comme disent les Italiens.

« Dans quelques cas, rares, cette fidélité doit aller jusqu'à respecter la physionomie de certains noms, qui s'évanouirait si elle était couverte par une traduction ; ainsi, par exemple, dans cette phrase de Pline (XXXVI, 24) : *Tunc senes Aggeris vastum spatium mirabantur*, je n'approuve pas la traduction de Guéroult : « Ce que les vieillards de ce temps-là « contemplaient avec admiration, c'était la vaste étendue de la Terrasse « construite par Tarquin. » La traduction n'a rien d'infidèle, et *terrasse* rend bien *agger*; mais quoique le traducteur, en ajoutant : « construite par Tarquin, » ait voulu préciser l'objet dont parle Pline, il me semble qu'il y aurait eu plus de fidélité à traduire tout simplement : « La vaste étendue de l'*Agger*, » puis à expliquer dans une note que cet *Agger* était une grosse levée de terre faite ou finie par Tarquin l'Ancien pour fortifier toute la partie orientale de Rome , qui confinait à une plaine, tandis que partout ailleurs les murailles de la ville passaient au sommet ou sur la croupe des collines.

« Une chose qui quelquefois aide beaucoup à l'intelligence des auteurs anciens , c'est de connaître un peu, même par des livres, la topographie et le climat du pays dont parle l'auteur. Cela est utile surtout pour les habitudes de la vie privée, souvent réglées par une loi du climat, loi qui ne peut guère changer quand le climat et les lieux sont demeurés les mêmes, ce qui arrive presque toujours en Italie. Cette connaissance, peu difficile à acquérir, vous fait pour ainsi dire, flairer un contre-sens, même dans une traduction dont vous n'avez pas le texte sous les yeux. C'est ce qui m'est arrivé (je demande pardon de me citer) pour un passage de Pline le Jeune II, *ep.* 17), cité en traduction seulement, dans un ouvrage moderne. On y lisait, à propos de l'immigration des troupeaux des Apennins dans les anciennes plaines de Laurente, que « dès que l'hiver a « quitté leurs montagnes, ils viennent, ramenés par la douce température « du printemps, s'engraisser dans les pâturages. » Cette traduction signée du nom d'un professeur très-distingué de l'Université, de feu M. Jules Pierrot, m'inspira aussitôt quelque défiance, malgré son origine, parce que je connaissais la coutume *actuelle* du pays; je savais qu'encore aujourd'hui, de nombreux troupeaux de moutons descendent, à la fin d'octobre, des montagnes du royaume de Naples, pour passer l'hiver dans la campagne de Rome. Je recourus au texte de Pline, et j'y lus : *Multi greges ovium, multa ibi equorum boumque armenta quæ montibus hieme depulsa, herbis et tepore verno nitescent.* Je reconnus alors que, pour avoir oublié ou ignoré le détail de mœurs modernes rapporté plus haut, un latiniste d'un vrai mérite avait fait un gros contre-sens. Cela est d'autant plus remarquable que de Sacy, le précédent traducteur de Pline, dont M. Pierrot a *corrigé* (c'est son terme) la traduction, a mieux entendu l'original ; il traduit ainsi : « Là vous voyez des troupeaux de moutons, de « bœufs, de chevaux, qui, chassés des montagnes par les rigueurs de l'hi-« ver, viennent, sous une plus douce température, s'engraisser dans les pâ-« turages. » Tout cela est encore vrai, jusqu'au *tepore verno* inclusivement: en effet, dans ce beau climat, on voit éclore, après les pluies d'automne, un nouveau printemps avec toutes ses fleurs et toute sa verdure, qui suivent et traversent l'hiver.

« Je m'arrête ici : on comprend qu'il serait facile de faire des volumes d'exemples sur un pareil sujet ; mais c'est le cas, plus que jamais, de répéter avec La Fontaine :

> Loin d'épuiser une matière.
> On n'en doit prendre que la fleur.

Et je n'ai pas même pris la fleur, je l'avoue sans regret. Le peu que j'ai dit suffit, je crois, pour appuyer une vérité qui se sent et se démontre d'elle-même, et n'est qu'une affaire de simple raisonnement et de bon sens. Maintenant, me répondra-t-on peut-être, mais comment ajouter l'étude de l'archéologie à tant d'autres études que l'on exige de la jeunesse ? Notre prétention s'élève moins haut, et nous ne demandons pas que les jeunes gens soient, dès les bancs de l'école, des rivaux de MM. de l'Académie des Inscriptions et Belles-Lettres ; nous voudrions seulement qu'ils prissent une teinture générale d'une science indispensable à leurs études classiques; il me semble qu'ils y parviendront sans beaucoup de peine, à l'aide de lectures bien dirigées, de quelques volumes bien choisis sur la matière, enfin, et surtout, à l'aide d'éditions enrichies de bonnes annotations où non-seulement le commentateur n'aura jamais passé à côté de la difficulté, comme cela arrive trop souvent, mais où il montrera qu'il a étudié son auteur sous tous les points de vue, recouru lui-même aux grands traités, aux ouvrages spéciaux, aux communications verbales avec nos savants les plus justement célèbres; où toutes ces choses, tous ces trésors de saine et utile érudition se trouvent résumés dans un commentaire ni trop long, ni trop court, rédigé d'un style aussi simple que lucide. Nous connaissons un certain nombre d'éditions classiques qui réunissent ces divers mérites; on nous pardonnera de ne les point citer, et de nous en rapporter à la sagacité et au sens critique, généralement si juste et si impartial, de MM. les professeurs. »

(Extrait *du Conseiller de l'enseignement public* du 15 février 1853.)

DE LA NÉCESSITÉ

DES NOTES ARCHÉOLOGIQUES DANS LES AUTEURS DE L'ANTIQUITÉ GRECQUE OU LATINE MIS ENTRE LES MAINS DE LA JEUNESSE.

« Nous revenons aujourd'hui sur un sujet qui a été déjà effleuré dans *le Conseiller*, et dont les notes critiques jointes à la traduction des versions reproduites vers la fin du journal, sont un continuel développement, une démonstration par le fait. On y peut voir que la connaissance de l'archéologie est une chose rare, même chez de savants traducteurs, et que ce défaut de leur science les conduit à des contre-sens, à des non-sens, ou à de prétendus équivalents, qui n'expliquent pas du tout le texte qu'ils sont censés interpréter. Il existe, à l'égard de l'archéologie, une espèce de préjugé assez semblable à celui qui règne touchant la géographie, que tout le monde croit savoir, que peu de personnes étudient, et que très-peu apprennent ou savent. Il semble qu'on se dise : « L'archéologie grecque ou romaine se trouve dans les auteurs ; on l'apprendra donc chemin faisant, en lisant les auteurs. » Il faudrait dire au contraire : « Je ne pourrai bien comprendre les poëtes, les historiens, etc., qu'en m'instruisant d'abord dans l'archéologie, pour les lire ou les relire. » C'est une grande et longue science ; des écoliers auxquels on doit enseigner tant de choses diverses, n'ont ni le temps, ni la maturité d'esprit requise, ni les secours matériels pour l'apprendre, et cependant elle leur est indispensable à chaque instant : alors il faut bien la leur donner toute faite, en détail, par petites parties, juste au point où ils en ont besoin, et, pour employer une comparaison vulgaire, la leur tendre, à peu près comme le maître nageur tend la perche à son élève novice ou inhabile, au moment où il le croit près de s'enfoncer sous l'eau. Si tant de maîtres s'égarent, on comprend combien des élèves ont besoin d'être conduits par la main ; ce qu'on leur dit, ils ne le savent pas, ils ne peuvent pas le savoir, et cependant il leur est indispensable de le savoir.

« Ces réflexions nous sont revenues à l'esprit plus vives que jamais, en ouvrant au hasard un livre qui a quelque réputation dans le corps enseignant, la traduction française, par l'Aubépin, des *Antiquités romaines*, d'Adam, recteur de la grande université d'Edimbourg. Je suis tombé sur la page 102 du tome II, in-8°, édition de 1818, la seule, je crois, qui ait été faite. Cette page et la suivante comprennent une description du Cirque construit à Rome par Tarquin l'Ancien, et dans le court espace de 80 lignes environ, le savant recteur a commis bien des fautes de lèse-archéologie. Je vais citer, car il est toujours mal d'accuser sans preuves. Je placerai le texte avant la critique, afin de mettre le lecteur, notre juge souverain, en état d'apprécier si mon assertion n'est pas trop téméraire, et si moi-même je ne me trompe pas.

« Tarquin l'Ancien contruisit le grand Cirque entre les monts Palatin et
« Aventin ; il fut orné dans la suite, et à différentes époques ; sa forme était
« elliptique, ou plutôt un cercle allongé, d'où il prit son nom. Sa longueur
« était de 3 stades et demi, c'est-à-dire 437 pas et demi ou 2,187 pieds et
« demi anglais, environ 1,800 pieds métriques de France, ou 307 toises, et
« la largeur un peu moins d'un stade. »

« Arrêtons-nous ici. Le nom de *grand* Cirque donné à ce monument est une faute : du temps de Tarquin, on l'appelait *le Cirque*, tout court : quand le censeur C. Flaminius eut bâti dans le Champ-de-Mars, environ 400 ans plus tard, le cirque auquel il donna son nom, et qui était moins grand que l'ancien, celui de Tarquin, qui n'avait point de nom, en reçut un pris de son étendue comparative avec le cirque Flaminius, et fut appelé le *Cirque maxime*, c'est-à-dire le plus grand, *Circus maximus* : les auteurs latins le désignent presque toujours ainsi, et jamais par les termes de *Cir-*

cus magnus. — « Il fut orné dans la suite et à différentes époques, » est une description tellement brève qu'on n'y comprend rien ; l'auteur a voulu faire allusion aux agrandissements qu'y firent successivement plusieurs censeurs, puis César, Auguste, Néron, Vespasien, Domitien, Trajan, Antonin le Pieux, etc., mais il faut convenir que son énonciation fait difficilement comprendre cela. — « Sa forme était elliptique, ou plutôt un cercle allongé. » Elle n'était ni l'une ni l'autre : c'était un grand parallélogramme, cinq fois plus long que large, terminé en hémicycle par un bout et carrément de l'autre. — « Sa longueur était de trois stades et demi, etc. » Quel stade, s'il vous plaît ? Vous empruntez ce détail à Denys d'Halicarnasse : or les Grecs avaient six sortes de stades, qui, rapportés à un degré astronomique, variaient depuis 1111 1/9 au degré, jusqu'à 600, et même 500. Il s'agit ici du stade olympique, de 600 au degré, valant 185 mètres. Il était donc utile et nécessaire de qualifier ce stade. La mesure exacte du Cirque maxime était de 648 mètres de long, sur 130 de large.

« Son enceinte était entourée de deux rangs de siéges, appelés *fori* ou « *spectacula,* id est *sedilia unde spectarent;* ces places s'élevaient les unes « au-dessus des autres ; le rang inférieur était construit en pierres et l'au-« tre en bois ; on y avait assigné des places particulières à toutes les curies, « aux sénateurs et aux chevaliers ; mais sous la république ces derniers « étaient confondus avec le peuple. »

« Ce que l'on dit sur la distribution des siéges aux diverses classes du peuple est emprunté à Tite-Live (i, 35), qui, parlant des places réservées aux praticiens et aux chevaliers, les nomme *fori,* mais ne dit pas que l'on nommât ainsi tous les siéges. Tite-Live ne dit pas davantage que *spectacula* fut le nom des siéges : c'étaient « des emplacements pour voir, » et on les appelait *fori,* parce qu'ils formaient des espèces de loges, élevées sur des poteaux à 12 pieds de terre. — « Le rang inférieur était construit « en pierre, et l'autre en bois. » Il y a là confusion : si vous parlez du cirque tel qu'il était du temps de Denys d'Halicarnasse, auquel vous empruntez ce détail, sans le rendre néanmoins d'une manière claire, c'est vrai ; si vous décrivez le cirque de Tarquin, c'est faux, car alors tous les siéges étaient en bois. Mais le cirque de Denys, c'est-à-dire du temps d'Auguste, n'était pas « entouré de deux rangs de siéges; » vous interprétez mal votre auteur, parce que vous ne vous êtes pas rendu un compte suffisant de la construction des cirques et des amphithéâtres des Romains : les gradins du Cirque maxime étaient divisés en deux *précinctions.* On nommait précinction un gradin plus large que les autres, servant de palier et formant un repos au milieu d'une longue série de gradins, pour faciliter la circulation de la foule. Cela faisait comme une ceinture ; d'où le nom de précinction. Ainsi les deux précinctions partageaient les gradins en trois parties sur la hauteur ; ceux du bas, jusqu'à la première précinction, étaient en pierre, et les autres en bois : voilà exactement comment il faut entendre le texte de Denys d'Halicarnasse.

« On prétend que ce Cirque pouvait contenir au moins 150,000 person-« nes; d'autres portent ce nombre au-delà du double; Pline, à 250,000; « quelques modernes, à 380,000. »

« Vous confondez toujours le Cirque primitif avec le Cirque du temps d'Auguste, et cette confusion vous jette dans une singulière inconséquence : vous n'attribuez que deux rangs de siéges au cirque, ce qui donne un peu moins de 2,900 mètres courants de siéges, car il n'y en avait que sur trois côtés, le quatrième étant réservé pour l'entrée des chars et des chevaux. Supposez trois individus par mètre (ce qui est beaucoup), le nombre des spectateurs sera de 8,700. Pour arriver à 150,000 places, il faut prendre l'interprétation dont j'ai parlé tout à l'heure, et admettre quinze ou dix-huit rangs de gradins de chaque côté, divisés en trois séries par deux pré-cinctions.

« Il avait un mille de contour, et était entouré d'un fossé ou canal qu'on
« appelait *Euripus*, de 10 pieds de profondeur et d'autant de largeur, avec
« des portiques à trois étages, très-élevés que Jules César avait fait cons-
« truire. »

Il s'agit du contour intérieur (ce qui était bon à dire); le mille équivaut
à 1,481 mètres. — « Il était entouré » *intérieurement*, ce qu'il fallait encore
dire; il n'aurait pas été inutile d'ajouter que cet Euripe servait à séparer
les gradins de l'arène, afin que dans les *chasses* les spectateurs fussent à
l'abri des bêtes féroces. — « Avec des portiques à trois étages, très-élevés, » est un vrai contre-sens : Denys, qui fournit toujours cette description, entend la triple section de gradins, formée par les deux précinctions.
Pour peu que l'on ait étudié le Cirque maxime, on comprendra qu'il ne
pouvait avoir un triple rang de portiques. La traduction latine aura trompé
le savant recteur, car elle porte : *post Euripum porticus sunt triplici con-
tignatione exstructæ*. Mais il n'y avait jamais de portiques à l'intérieur des
cirques, théâtres ou amphithéâtres des Romains ; personne n'ignore cela.

« On avait ménagé dans la construction du Cirque des places particu-
« lières qui permettaient au peuple d'y entrer et d'en sortir sans confusion. »

« Il serait difficile de s'expliquer plus vaguement. Qu'est-ce que ces « places
particulières ménagées dans la construction du Cirque ? » Si le narrateur
avait cherché à comprendre lui-même la description qu'il faisait, il aurait
reconnu que la muraille extérieure du Cirque était percée d'arcades en
portiques, dont beaucoup servaient de boutiques, tandis qu'un grand
nombre demeuraient entièrement dégagées, et formaient une multitude de
portes autour du monument.

« A l'une des extrémités étaient pratiquées les ouvertures (*ostia*), par où
« s'élançaient les chars et les chevaux (*emittebantur*); on les appelait Car-
« cERES vel *repagula*, et quelquefois *carcer* (*quod equos coercebant, ne exirent*.
« *priusquam magistratus signum mitteret*). Varr. L.-L. IV, 32. On les cons-
« truisit *ann. urb.* 425. — Tit.-Liv. VIII, 20. A l'entrée étaient deux petites
« statues de Mercure, *hermuli*, tenant une chaîne ou une corde qui ser-
« vait de barrière aux chevaux, *Cassiodor. Variar.* Ep. III, 51. Il paraît que
« quelquefois, au lieu de cette corde, on traçait une ligne blanche (*alba
« linea*) ou un petit sillon qu'on remplissait avec de la chaux ou de la craie,
« *Ibid.*; là des individus appelés moratores, dont il est parlé dans quelques
« anciennes inscriptions, rangeaient les chevaux sur une ligne droite
« (*frontibus æquabatur*). Il paraît qu'à l'autre extrémité on traçait aussi
« une ligne blanche appelée également *creta* ou *calx*, pour marquer la
« limite de la course, et celle qui indiquait la victoire, *ad victoriæ notam,*
« Plin. XXXV, 17, § 58. — Isidor. XVIII, 87, d'où Horace tire cette belle
« allusion : *Mors ultima linea rerum est*, Ep. I, 16. »

« Il y a dans ce paragraphe presque autant d'inexactitudes que d'assertions, et dans ce qui n'est pas inexact, un vague qui équivaut à l'inexactitude. D'abord, quand on décrit un monument comme celui-ci, il est bon
de donner l'orientation de ses parties essentielles; il aurait donc fallu dire
que les carcères occupaient l'extrémité occidentale du cirque. Ce n'é-
taient pas des « ouvertures » seulement, mais des remises, fermées de
portes à claire-voie. Combien y en avait-il ? cela était important à dire, et
d'autant plus important ici, que les courses de chars ou de chevaux se
faisaient par quatre à la fois, et qu'il y avait vingt-cinq courses dans une
journée ! Le savant recteur aurait donc pu apprendre aux jeunes gens pour
qui il a composé son livre, qu'il y avait douze carcères, de sorte que deux

courses étaient toujours prêtes à partir successivement, dès qu'une était finie. — « A l'entrée étaient deux petites statues de Mercure, etc. » Tout cela est mal compris : ne croirait-on pas que les carcères se composaient d'une seule porte par où tous les chars s'élançaient à la fois? et puis comme une chaîne ou une corde aurait bien retenu seize chevaux de front, animés, impatients de s'élancer, et qui dans leur impatience ébranlaient jusqu'aux portes des carcères ! (Voy. Lucan, I, 294, 398.) Voici ce qu'il y a d'exact dans cette description si mal comprise : les carcères formaient une file de douze remises ou loges en arcades, larges de douze pieds chacune environ ; les piliers de ces arcades étaient ornés d'hermès en ronde bosse, et l'arcade fermée par une porte à deux vantaux, dont chaque vantail était ouvert instantanément par un esclave, aussitôt que le signal de la course retentissait. — « Il paraît que quelquefois, au lieu de cette corde, on traçait une ligne blanche, etc. » Il faut avoir oublié complétement la moindre description des courses du Cirque pour émettre une pareille idée. La ligne blanche, au lieu de servir à marquer le point de départ, marquait au contraire le point d'arrivée, car il y en avait une et non pas deux. Une course de chevaux ou de chars se composait de sept fois le circuit du cirque en doublant une borne placée vis-à-vis des carcères au milieu de l'arène. Pour marquer le but, un sillon plein de craie était tiré de cette borne au pied des gradins, ou plutôt au bord de l'Euripe, et les chevaux qui, au sep- tième tour, touchaient les premiers ce sillon blanc, étaient vainqueurs. C'est ainsi qu'il faut entendre l'*ultima linea* d'Horace ; elle était en effet la dernière ligne, puisqu'il avait fallu auparavant en franchir six, c'est-à-dire six fois la même. — Quant aux *moratores*, c'étaient plus probablement les esclaves qui ouvraient les portes des carcères, au signal donné.

« A cette extrémité du Cirque, qui était en demi-cercle, étaient trois « balcons ou galeries ouvertes, l'une au milieu et les deux autres de chaque « côté. On les appelait MÆNIANA, d'un certain Mænius qui, en vendant sa « maison voisine du Forum aux censeurs Caton et Flaccus, se réserva le « droit d'un pilier, afin d'y bâtir un balcon où lui et sa famille pourraient « voir les combats des gladiateurs qui se donnaient alors au Forum. *Ascon.* « *in Cic. — Suet. Calig.* 18. »

« A cette extrémité du Cirque, qui était un demi-cercle, » est un contre- sens : le côté des carcères était à angle droit, la partie en demi-cercle était à l'extrémité opposée. — « Trois balcons en galerie » ne signifie rien ; il y avait à chaque extrémité de la ligne des carcères, une tour élevée, où se plaçaient des musiciens qui jouaient pendant les courses. Quant à ce que l'auteur dit des méniennes, c'est inutile ici.

« Dans le milieu, et sur sa longueur presque totale, régnait une muraille « de briques, large de 12 pieds et haute de 4, appelée SPINA, *Scholiast. in* « *Juvenal*, VI, 587. — *Cassiod. Ep.* III, 53. Aux deux extrémités s'élevaient « trois colonnes ou pyramides sur une seule base appelées METÆ, bornes « que les chevaux et les chars devaient tourner (*flectebant*); en sorte qu'ils « avaient toujours à leur gauche la muraille et les pyramides (*spina et* « *metæ*), *Ovid Am.* III, 65. — Lucan, VIII, 200 ; d'où *à carceribus ad metam* « *vel calcem*, du commencement à la fin, *Cic. Am.* 27. — *Senec.* 23. »

« La *spina* du Cirque maxime est décrite ici à l'aventure ; car on n'a rien retrouvé de cette partie du Cirque. On ne connaît guère de *spina* que celle du Cirque de Romulus, vulgairement dit de Caracalla : elle mesure 6^m, 50 de large et 3^m, environ de haut. Il eût été bon de dire que la *spina* n'était pas entièrement parallèle au cirque : du côté des carcères, elle s'infléchis- sait à gauche d'une manière sensible, afin de laisser plus d'ouverture à la partie droite de l'arène, par où commençaient toujours les courses, et où les quatre chars s'élançaient à la fois en même temps. « Sa longueur presque totale » est encore une inexactitude : on voit d'après le cirque de

Romulus, que la *spina* avait un peu moins de la moitié de la longueur totale de l'arène, et qu'elle était rejetée beaucoup plus vers le fond que vers les carcères, devant lesquelles il restait un long espace une espèce de vestibule (au sens antique du mot), nécessaire pour le départ des chars, quand ils partaient de l'une ou de l'autre extrémité de la file de ces douze remises. — Les *metæ* n'étaient point des pyramides, mais des bornes rondes coniques, un peu tronquées.

« Auguste fit ériger au milieu de la muraille (*spina*) un obélisque de 132 « pieds de haut, qu'on avait transporté d'Egypte, et à une petite distance « un autre de 88 pieds. »

« Erreurs: Auguste ne fit élever qu'un obélisque, haut de 43^m,87, et qui est aujourd'hui à Rome sur la place *del Popolo* ; l'autre, haut de 31^m,40, fut érigé par Constance, et se voit maintenant sur la place de Saint-Jean-de-Latran.

« Près de la première pyramide (*meta*), d'où partaient les chevaux, « étaient placées sept aiguilles qu'on appelait OVA, soit qu'elles fussent de « forme ovale, soit que des sphères ovales en formassent le sommet. On les « avait élevées pour indiquer le nombre de tours que faisaient les conduc- « teurs de chars, une pour chaque tour. En effet, ils parcouraient ordinaire- « ment sept fois cette carrière. Ces aiguilles s'appelaient FALÆ OU PHALÆ ; « on avait sculpté des dauphins à leur sommet. Quelques écrivains distin- « guent les deux espèces d'aiguilles, les unes surmontées d'un *ovum* ; elles « étaient placées près de la première pyramide, *meta prima*, et les autres « qui avaient à leur sommet la figure d'un dauphin étaient placées près de « la dernière, *meta ultima*. »

« Il faut n'avoir jamais vu aucun bas-relief antique représentant des cour- ses du cirque, pour ne savoir ni quelle était la forme, ni quel était l'usage des *ova* ou figures d'œufs, et pour les confondre de la manière la plus bizarre avec les figures de dauphins. Les œufs et les dauphins n'étaient point placés sur « sept aiguilles de forme ovale » (singulière étymologie, soit dit en passant); ils étaient posés sur de petits portiques tétrastyles, éle- vés à chaque extrémité de la *spina*, et ils servaient à décompter les tours de cirque accomplis par les coureurs. Ils étaient en bois, beaucoup plus gros que nature, et rangés, avant le départ, debout sur les portiques ; à chaque tour un homme en abattait un, de sorte que les spectateurs pou- vaient toujours voir, d'un coup d'œil, combien, à chaque course en train de s'accomplir, il restait à parcourir de tours jusqu'au septième. Ce n'était donc pas, comme le dit le savant recteur, un ornement symbolique et invariable, signifiant perpétuellement que les jouteurs devaient tourner sept fois autour de l'arène.

« Je suis loin d'avoir épuisé ma matière, même sur ce chapitre de l'ou- vrage d'Adam ; mais j'en ai dit assez pour faire comprendre aux plus incrédules que les notes archéologiques sont très-essentielles dans un texte ancien; que si les traducteurs doivent pouvoir s'en passer, parce que rien ne les contraint à traduire avant d'avoir fait au préalable toutes les études nécessaires, il n'en est pas de même des écoliers, qui ont besoin qu'on leur lève immédiatement une difficulté qui serait invincible pour eux.... »

(Extrait du *Conseiller de l'enseignement public,* du 15 mars 1856.)